Écrit par Marie Farré
Illustré par Dominique Thibault

Conseil pédagogique :
Équipe du bureau de l'Association Générale
des Instituteurs et Institutrices des Écoles
et Classes Maternelles Publiques.

Conseil éditorial :
Brigitte Gandiol-Coppin, Historienne.

ISBN : 2-07-039720-3
© Éditions Gallimard, 1985.
Dépôt légal : Mai 1985. Numéro d'édition : 35399
Imprimé à la Editoriale Libraria en Italie.

GALLIMARD JEUNESSE

A l'abri des châteaux forts

DECOUVERTE BENJAMIN

Château de Hastings en Angleterre

As-tu déjà vu des châteaux forts ?

Oui certainement. Aujourd'hui, ils sont en ruines, mais autrefois, c'était de puissantes forteresses. Construits sur les hauteurs, ils dominaient et surveillaient la région.

Le seigneur y vivait et les habitants des villages alentour s'y réfugiaient en cas de danger. En ce temps-là, le pays n'était pas sûr ; des brigands pillaient la campagne et des hordes de loups rôdaient.

Quelquefois, les seigneurs se faisaient la guerre entre eux. En France, il reste 600 châteaux forts, au Moyen Âge, il y en avait 6 000.

Château de Gutenfels
en Allemagne

À partir de quand les châteaux forts ont-ils été construits ?

Il y a plus de mille ans. Au début, c'était de simples tours de bois qui prenaient souvent feu.

Premiers châteaux forts en bois

Château en pierre, XIIe siècle

Vers le XIIe siècle, on les bâtit en pierre. Parfois, leurs murs étaient épais de 8 mètres.

La construction pouvait durer 40 ans ! L'équipe d'ouvriers devait vivre sur place.

XVe siècle : les châteaux deviennent de vrais palais.

Avila, ville fortifiée, en Espagne

Château
de Loches,
en France

De puissants seigneurs dominaient de vastes régions et faisaient régner leur loi sur leur territoire. Ils possédaient souvent plusieurs châteaux. Celui du roi n'était pas toujours le plus grand.

Voilà pourquoi on trouve des châteaux forts en France, Angleterre, Espagne, Italie, Suisse, Allemagne...

Peñafiel, en Espagne

Il n'y en a pas deux semblables. Mais tous ont des remparts, un pont-levis et un donjon.

Castel
del Monte, en Italie

1. Fossé ou douve
2. Rempart
3. Parapet
4. Créneau
5. Chemin de ronde
6. Meurtrière
7. Herse
8. Pont-levis
9. Muraille de protection du donjon,
appelée chemise du donjon
10. Mâchicoulis
11. Donjon.

Et si tu pénétrais dans le château ?

Un obstacle : les douves, fossés profonds souvent remplis d'eau. Attends que le pont-levis (1) s'abaisse pour les traverser. Fais attention à la lourde grille, la herse (2).

Le guetteur monte la garde sur le chemin de ronde. Un parapet découpé de créneaux le protège.

As-tu remarqué que les murs ont très peu d'ouvertures et seulement des meurtrières ?

Derrière elles, l'archer tire des flèches à l'abri de l'ennemi.

Le bain   Le potier

Maintenant tu es à l'intérieur des
remparts. Pensais-tu qu'il y avait tant
de monde? Serviteurs, artisans et
moines vont et viennent.

La chapelle   Le puits

Le forgeron

Cochons, poules et chiens se
promènent. Dans le pigeonnier, le
nombre de pigeons indique la
quantité d'hectares que possède le
seigneur.

Le rémouleur   Le marchand ambulant

Où vivent le seigneur et sa famille ?

Dans le donjon, une citadelle imprenable. La porte se trouve au premier étage, il faut monter l'échelle. En cas d'attaque, on la retire. Il fait sombre : pas d'électricité ! Le soir, des torches éclairent la grande salle et, dans l'immense cheminée, un feu la réchauffe.

Voici les blasons de quelques familles nobles. Le lion évoque la force; la croix, le chrétien.

Dans la chambre, des coffres servent de sièges et d'armoires où l'on roule ses habits. Les lits peuvent contenir six personnes ! Au rez-de-chaussée, il y a la réserve de provisions et l'entrée du souterrain par lequel on peut s'enfuir...

Tout en haut, la salle de repos des gardes.

Jeu d'échecs, à la veillée

Que fait la châtelaine ?

Il n'y a pas de vitres, mais du papier huile.

Elle s'occupe de la maison, et peut même diriger le domaine quand le seigneur est absent. Elle prend soin des provisions et des menus. Elle connaît les herbes qui guérissent et peut soigner les malades. Elle participe à la chasse au faucon et assiste aux tournois.

La dame sait lire et compter, ce qui est rare au Moyen Âge, et elle instruit ses filles.

Elle leur apprend aussi à
tisser. Très jeune, la
petite fille est promise
à un jeune garçon.
À quinze ans, elle
l'épouse.

Le garçon quitte sa mère à huit ans.
Il devient page au château voisin,
au service d'une dame
ou d'un seigneur.
Ou bien, il va à
l'école du monastère.
Les garçons s'appellent
Guillaume, Renaud,
Baudouin...
Les filles Anne, Blanche, Blandine...

Les soirées sont longues au château.
Tout visiteur est le bienvenu, et le
récit de ses voyages ou de ses
combats enchante petits et grands.

Le seigneur et ses gens

Les paysans travaillent sur le domaine du seigneur. Chaque famille a également reçu une habitation et des champs à cultiver. Le château leur sert d'abri ; les soldats du seigneur les protègent des pillards. Les paysans utilisent le moulin du château pour moudre leur blé, son four pour cuire leur pain, son pressoir pour faire leur vin.

Le sceau du seigneur

Le seigneur a besoin d'argent pour faire la guerre et entretenir son domaine : les paysans lui paient un impôt.

Pour utiliser les routes et les ponts du seigneur, il faut lui payer un droit de passage.

Une punition : le carcan

Ils lui donnent aussi une partie de leur récolte et de leur troupeau. Ils aident à entretenir les fossés et les chemins, à réparer les remparts, à couper le bois.

Le seigneur rend la justice. Il peut envoyer au cachot celui qui désobéit à sa loi. Il protège et surveille les seigneurs moins importants qui dépendent de lui : ses vassaux.

Un village s'établit près des remparts.

Au village

Dans les chaumières, il n'y a qu'une seule pièce pour le paysan, sa famille, ses bêtes et ses outils. Dès le début du printemps, les paysans labourent. Ils sèment, ils moissonnent, ils tondent les moutons, ils engrangent les provisions. À la fin des travaux a lieu une grande fête. Le château aura assez de provisions pour l'année !

Les paysans, eux, risquent de manquer de nourriture et vont ramasser, dans la forêt, champignons et fruits sauvages qui amélioreront le menu.

La cuisine est tout enfumée, un cochon entier rôtit à la broche dans la cheminée, les serviteurs dressent la table à tréteaux. Ce soir, il y a festin au château.

Qu'y a-t-il au menu du festin ?

Au choix : sanglier, chevreuil, anguilles, brochets posés sur des tranchoirs, tranches de pain arrosées de sauces épicées. Il y a aussi des plats rares de paons, cygnes et baleine.

Fourchettes à deux dents, couteau, tranchoir

Et au dessert, tartes, pains d'épices, pâtes de fruits... Vin sucré au miel, cidre et bière sont les boissons préférées.

La vaisselle est en bois, en étain, en poterie, et chez les grands seigneurs, en argent. Le festin peut durer des heures...

Des jongleurs, des acrobates, des montreurs d'ours et de singes, font des tours. Des ménestrels, musiciens ambulants, jouent du luth, de la harpe et du tambourin ; les troubadours récitent des vers. Tous chantent des chansons à boire et à danser.

Comment le seigneur chasse-t-il ?

Il aime chasser au faucon . L'oiseau s'envole, il repère le lapin, fonce sur lui, le tue et revient se poser sur la main gantée.

Il chasse aussi à l'arc lièvres, perdrix et faisans.

Chasse a l'epieu

Pique-nique lors d'une chasse à courre. Le repas arrive chaud sur une cuisine roulante.

Quand le seigneur chasse à courre, il monte le destrier, son cheval de combat. La meute de chiens, lévriers, épagneuls, dogues poursuit un cerf ou un sanglier. Cerné, épuisé, l'animal est achevé à la lance.

Le seigneur chasse pour se distraire, mais aussi pour tuer les animaux sauvages qui détruisent les récoltes, comme les loups, et pour se nourrir. Les paysans n'ont le droit d'attraper que les petits animaux. Ils les prennent au piège. Ainsi auront-ils de bons repas et des fourrures chaudes.

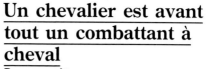

Ecu

Lance

Un chevalier est avant tout un combattant à cheval

Le petit page de 8 ans devient écuyer à 15 ans. À 18 ans, il est armé chevalier au cours d'une cérémonie. Il s'agenouille devant son parrain, jure de rester fidèle à sa parole, de défendre bravement la veuve et l'orphelin et d'être bon chrétien. Le parrain lui donne un rude coup sur la nuque et lui tend son épée. Puis il enfourche son destrier.

La tenue de chevalier est la cotte de mailles, tunique faite de 30 000 anneaux, qui pèse au moins 10 kilos. À la fin du Moyen Âge, le chevalier porte une lourde armure en acier.

La foule se presse dans les tribunes.
Les chevaliers sont venus de loin,
pour ce tournoi.
Certains, véritables héros, vont
combattre de château en château.

Leurs noms et leurs exploits sont célèbres. Chacun reconnaît son adversaire d'après son blason. Le vainqueur reçoit une récompense des mains de la plus noble des dames. Ce soir, il y aura fête.

Arbalète

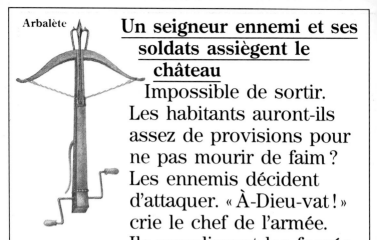

Un seigneur ennemi et ses soldats assiègent le château

Impossible de sortir. Les habitants auront-ils assez de provisions pour ne pas mourir de faim ? Les ennemis décident d'attaquer. « À-Dieu-vat ! » crie le chef de l'armée.

Ils remplissent les fossés de bûches pour y placer des tours mobiles en bois. Certains grimpent le long des murs. D'autres essayent d'enfoncer la porte d'entrée avec une énorme poutre en bois, le bélier. Du haut des remparts, les soldats du château lancent des pierres, des flèches et de l'huile bouillante. Qui gagnera ?

Les attaquants creusent des galeries sous le mur pour pénétrer dans la place.

Châteaux de sable

Les vrais châteaux
Sont les châteaux de sable
Tu les construis avec une petite
    pelle
Et un grand rêve.
Qu'importent pluie et vent,
Ils emportent les créneaux, les
    tours.
Mais la chevalerie, les tournois
    imaginés,
Sous les murailles friables,
Résisteront mieux au temps
– Une heure, un siècle –
Que la pierre rongée des vieux
    remparts.

Frédéric Kiesel
*Nous sommes venus prendre des
nouvelles des cerises*
Éditions Ouvrières